CB000933

CHURRASQUEADAS
O PRAZER DA CARNE

JOSÉ ALMIRO DE MORAIS

Este livro foi revisado segundo o Novo Acordo Ortográfico da Língua Portuguesa.

Editora responsável Tainã Bispo
Produção editorial Aline Santos, Bárbara Gatti, Fernanda Costa, José Cleto, Luiza Marcondes e Natália Ortega
Desenvolvimento das receitas Ângela Cardoso e Fernando Santos
Fotos de capa e miolo Gisele Tesser, Marcel Kikuchi/Churrasqueadas e Shutterstock Images
Capa Agência MOV

Dados Internacionais de Catalogação na Publicação (CIP)
Angélica Ilacqua CRB-8/7057

M825c

Morais, José Almiro de
Churrasqueadas : o prazer da carne / José Almiro de Morais.
— Bauru, SP : Astral Cultural, 2018.
128 p. : il., color.

ISBN: 978-85-8246-877-7

1. Culinária 2. Churrascos e grelhados 3. Receitas 4. Gastronomia
I. Título

19-0863

CDD 641.5784

Índice para catálogo sistemático:
1. Churrascos e grelhados 641.5784

ASTRAL CULTURAL É A DIVISÃO DE LIVROS DO GRUPO ALTO ASTRAL.

BAURU
Rua Gustavo Maciel, 19-26
CEP 17012-110
Telefone: (14) 3235-3878
Fax: (14) 3235-3879

SÃO PAULO
Alameda Vicente Pinzon, 173
4° andar, Vila Olímpia
CEP 04547-130
Telefone: (11) 5694-4545

E-mail: contato@astralcultural.com.br

APRESENTAÇÃO

Olá, amigo churrasqueiro!

Seja bem-vindo ao livro **Churrasqueadas — O prazer da carne!** Nas próximas páginas, você vai encontrar as receitas mais saborosas e comentadas do nosso canal, que é o maior de churrasco do YouTube, além de dicas práticas para facilitar o preparo das carnes. A seleção de receitas reúne desde opções simples e práticas, feitas com cortes tradicionais da culinária brasileira, às mais nobres e exóticas, próprias para ocasiões especiais.

Você sabe que, para mim, o churrasco vai além de um simples pedaço de carne sobre a brasa: é o momento de interação, reencontro, descobertas, felicidade e muita alegria. E são esses sentimentos que eu quero despertar em você na hora de preparar as receitas que estão aqui.

Este livro foi feito especialmente para que você possa relaxar e sair do automático. Então, esqueça os problemas, reúna sua família e convoque seus amigos, pois agora você irá descobrir o verdadeiro prazer do churrasco: ver as pessoas reunidas em um momento de confraternização, compartilhando histórias antigas e vivendo novas. Tudo ali, em volta da churrasqueira.

Agora, escolha sua receita preferida e comprove que a felicidade é muito mais simples e saborosa do que parece.

José Almiro de Morais

DICAS DE CHURRASQUEIRO

O segredo de um bom churrasco vai além do tempero e da qualidade da carne. O cuidado começa antes do preparo, afinal, é preciso planejamento e organização.

UTENSÍLIOS

Antes mesmo de comprar o carvão, é preciso ter uma faca bem afiada e uma tábua de madeira ou de bambu que seja de qualidade. As grelhas e os espetos também são itens importantes para um bom churrasco. Os espetos giratórios auxiliam o preparo, pois a carne assa de maneira uniforme. As grelhas também valem o investimento, como a grelha *parrilla,* que facilita o manuseio da carne. Outros itens importantes são um garfo longo de dois dentes e uma pinça de alumínio ou inox para conseguir mexer as peças na churrasqueira.

COMO ESCOLHER O CARVÃO

Para escolher um carvão de qualidade, é preciso estar atento às informações da embalagem, como lote e registro em órgãos ambientais. Além disso, a origem da madeira é importante. Dê preferência ao eucalipto, pois esse tipo de matéria-prima exige acompanhamento da produção. Um bom teste

para saber se o carvão tem qualidade é jogá-lo no chão. O som ao cair deve ser semelhante ao produzido pelo vidro.

CÁLCULO DO CHURRASCO

Vários fatores influenciam, desde o local, a hora, o tipo de reunião e até mesmo os acompanhamentos. Porém, uma média que dificilmente falha é de 400g de carne sem osso e 600g de carne com osso por pessoa. E, para o carvão, calcule 1kg para cada hora de churrasco.

ESCOLHENDO A CARNE

A cor da carne deve ser "viva", pois indica que está fresca. A peça não deve estar "seca" e com odor estranho. Se for fechada a vácuo, não pode ter muito líquido solto na embalagem e fuja das que têm bolhas de ar — o plástico deve aderir bem à carne. Por fim, preste atenção à capa de gordura da peça: sua coloração deve ir do branco ao amarelo-pálido, pois, caso esteja muito amarelada, pode indicar que o animal era velho. Opte por peças com marmoreio, ou seja, que têm gordura entremeada à carne.

ACERTE NO TEMPERO

O sal grosso é a melhor opção para temperar a carne vermelha. Ele salga na medida e ainda deixa aquela casquinha crocante e saborosa. E para aqueles que gostam de um sabor mais intenso, a pimenta-do-reino também é ótima para temperar os cortes bovinos, enquanto a dedo-de-moça é uma boa pedida para os suínos. E para quem gosta de sabores exóticos, o mel pode ser maravilhoso para misturas agridoces. Molho de mostarda e mel, por exemplo, pode garantir um tempero saboroso a carnes em geral.

OS TIPOS DE CHURRASQUEIRA

Se o espaço não favorece a construção de uma churrasqueira, você pode apostar nos modelos portáteis, que são práticos e custam menos. Outras opções são as elétricas e a gás, que, apesar de mais caras, têm mais durabilidade. A pré-moldada também é prática, pois é possível transportar a churrasqueira caso você se mude. Porém, se você possui bastante espaço disponível e costuma receber muitos amigos em casa, pode optar por uma de alvenaria.

PONTOS DA CARNE

As carnes possuem seis tipos de ponto, cada um com sua particularidade. A carne selada tem a superfície "tostada" e seu interior levemente aquecido. Já a malpassada está um ponto acima da selada, a superfície parece mais grelhada e o interior é um pouco mais resistente e elástico. Ao ponto para mal tem as bordas mais cozidas, porém o interior segue avermelhado e úmido de suco. A carne ao ponto é mais firme, sua superfície tem uma bela cor e o interior é macio, mas ainda possui uma grande área vermelha no centro do miolo. Quando a carne está ao ponto para bem, toda a sua cor é alterada e o miolo fica levemente rosado. A carne bem passada apresenta uma superfície "torrada", mais rigidez e seu interior tem uma coloração marrom.

COMO DEIXAR A CARNE SUCULENTA

Uma boa dica para amaciar a carne e deixá-la com um sabor ainda mais especial é usar cerveja no preparo. E para torná-la mais suculenta, tente servi-la ao ponto para mal.

POSIÇÃO NA CHURRASQUEIRA

A posição das carnes faz toda a diferença na hora do preparo. Os cortes menores devem ficar em braseiro forte, a 20cm da brasa; já as peças que serão assadas inteiras e que levam mais tempo para ficarem prontas precisam estar em braseiro médio, aproximadamente a 40cm da brasa; os cortes mais rígidos devem ficar em braseiro fraco, a 60cm da brasa. Na hora de manusear a carne, uma boa dica é usar sempre a pinça e não o garfo.

PRINCIPAIS CORTES BOVINOS

CONTRAFILÉ

Retirado do lombo do boi, é ideal para extrair diversos cortes para churrasco, como os argentinos: bife de chorizo, bife ancho e ojo de bife. Ele possui uma camada de gordura que acentua seu sabor e o deixa macio e suculento. Esse corte é ideal para o preparo de bifes de chapa, estrogonofe, grelhados, rosbife, medalhões, churrasco, grelha e assados.

FILÉ MIGNON

Quando o assunto é churrasco, esse corte da parte superior traseira do boi pode ser preparado em bifes grossos na grelha ou inteiro, colocado no espeto. Comparado ao contrafilé e à alcatra, o sabor desse corte, o mais macio da carne bovina, é adocicado e menos acentuado, além de ser suculento e ter pouca gordura.

CUPIM

Deve sempre ser cozido lentamente. Esse corte tem sabor característico e paladar agradável. Fica situado logo atrás do pescoço bovino e tem um sabor único e incomparável devido à gordura que possui entremeada à carne.

PEITO OU GRANITO

Muito popular nos churrascos dos Estados Unidos, esse corte, também conhecido como *brisket*, é fibroso e precisa ser assado lentamente por um longo período. Apesar de já ter sido considerado carne de segunda, atualmente tem ganhado lugar na churrasqueira dos brasileiros.

PALETA

Esse corte, retirado do ombro do boi, já foi considerado carne de segunda, porém, devido à sua maciez, tornou-se muito apreciado nos churrascos. Conhecido também como raquete ou *shoulder*, dá origem ao *flat iron steak*.

LAGARTO

Com formato arredondado, alongado e bem definido, esse corte, também conhecido como tatu, possui fibras longas e magras. É bastante versátil e rende inúmeras formas de preparo. Para produzir o *carpaccio*, por exemplo, basta prepará-lo cru e cortá-lo em fatias finas.

ACÉM

Muito saboroso e com pouca gordura, esse corte, localizado na parte dianteira do boi, também já foi considerado corte de segunda, porém, atualmente tem ganhado a preferência dos brasileiros. O corte *cowboy steak* é retirado dele.

COXÃO DURO OU CHÃ DE FORA

Localizado na parte traseira, por ter fibras longas

e rígidas, o cozimento deve ser mais lento. A gordura fica concentrada na parte externa da carne. É versátil, portanto, tem inúmeras formas de preparo, como rosbifes, carne recheada ou assados.

COXÃO MOLE OU CHÃ DE DENTRO

As fibras mais curtas desse corte deixam a carne macia, tornando-a excelente opção para picadinhos, milanesas e bifes enrolados. Também está localizado na parte traseira do boi.

PATINHO

Esse corte tem fibras longas e é mais rígido do que a alcatra. É ideal para preparação de carne moída e bifes à milanesa — mas sempre corte contra as fibras.

FRALDINHA

Com fibras longas e macias, esse corte fica localizado abaixo do contrafilé, perto da costela. Muito saboroso, é uma excelente pedida para churrascos e para moer com a intenção de produzir hambúrgueres.

COSTELA

A costela, que é um dos cortes preferidos nos churrascos, é sinônimo de variedade. Dela é possível extrair a costela janela, a costela ripa e a costela minga. Porém, para saborear esse corte, é preciso paciência: o tempo de cozimento deve ser mais longo para amaciar suas fibras.

MIOLO DE ALCATRA

Mais macio que o coxão mole, esse corte possui fibras curtas. Porém, convém evitar cortes finos devido à possibilidade de ressecamento da carne.

PICANHA

Na hora de comprar, preste atenção à localização da terceira veia: se o corte for muito acima dela, você pode estar levando parte do coxão duro. O churrasco de picanha rende elogios, seu sabor é acentuado e a carne é de fácil preparo. Uma dica é não retirar a gordura ao assar, pois ela garante que o sabor e a maciez fiquem ainda mais acentuados. Se preferir sem, retire apenas na hora do consumo.

MAMINHA

Esse corte é suculento e tem sabor suave. O formato triangular se assemelha ao da picanha. Possui gordura, o que garante a suculência dessa carne quando levada à churrasqueira. A maneira como ela é cortada também influencia: deve ser sempre contra as fibras, para acentuar seu sabor e sua maciez.

SUMÁRIO

LISTA DE RECEITAS

BOVINOS

BIFE ANCHO
COM PASTA DE GORGONZOLA

Pronto em 20min · Serve 3 porções

- Sal grosso a gosto
- Pimenta-do-reino a gosto
- 2 colheres (sopa) de pimenta calabresa seca
- 1kg de bife ancho

Pasta de gorgonzola

- 50g de castanha de caju torrada
- 1/2 xícara (chá) de azeite
- 100g de manteiga
- 100g de queijo gorgonzola picado

1 Em um recipiente, misture o sal grosso, a pimenta-do-reino e a pimenta calabresa seca. **2** Corte a peça em bifes de 3cm a 4cm. **3** Passe os ingredientes misturados anteriormente nos dois lados dos bifes. **4** Leve à grelha em braseiro médio por 10 minutos de cada lado.

Pasta de gorgonzola

1 Triture a castanha de caju. **2** Misture a castanha com o azeite, a manteiga e o queijo gorgonzola. Mexa até formar uma pasta homogênea. **3** Retire os bifes da grelha, corte em fatias menores e passe a pasta de gorgonzola. **4** Para servir, polvilhe com ervas de sua preferência.

COSTELA RECHEADA

Pronto em 5h · Serve 10 porções

- 500g de pernil moído
- 1/2 xícara (chá) de molho de soja
- 6 dentes de alho picados
- Sal a gosto
- Pimenta-do-reino a gosto
- 1 maço de cheiro-verde picado
- 100ml de azeite
- 3kg de costela bovina janela sem osso
- 100g de manteiga
- 1 pimentão amarelo
- Pimenta dedo-de-moça a gosto
- 400g de bacon

1 Tempere o pernil moído com o molho de soja, o alho, o sal, a pimenta-do-reino, o cheiro-verde e o azeite. Misture bem.
2 Abra a costela e passe a manteiga sobre ela. **3** Coloque o pernil temperado por toda a superfície da peça. **4** Corte o pimentão, a pimenta dedo-de-moça e o bacon em fatias e coloque-os sobre a peça. **5** Enrole a costela e amarre-a com um barbante. **6** Enrole a costela com 4 folhas de papel-celofane próprio para assados. **7** Leve para a churrasqueira na grelha em braseiro fraco. Deixe assar por 2 horas de um lado e 2 horas do outro. **8** Retire o papel-celofane e deixe a costela na grelha em braseiro forte por 30 minutos. Vire a peça de 10 em 10 minutos para não queimar.

ESPETINHO
DE BOTECO

Pronto em 30min · Serve 6 porções

- 1kg de miolo de alcatra
- Sal grosso a gosto
- Pimenta-do-reino a gosto
- 1 cebola picada
- Salsinha picada a gosto
- 20g de alho em flocos
- 100ml de mostarda
- 1/2 xícara (chá) de molho de soja
- 1/2 xícara (chá) de azeite ou óleo
- 1 pimentão vermelho
- 1 pimentão amarelo
- 1 pimentão verde
- 1 cebola roxa
- 200g de tomate

1 Corte o miolo de alcatra em cubos de, aproximadamente, 3cm. **2** Tempere com sal grosso e pimenta-do-reino. **3** Misture com a cebola e a salsinha, o alho em flocos, a mostarda, o molho de soja e o azeite e mexa bem. **4** Intercale no espeto os cubos de carne com os pedaços de pimentões, a cebola e o tomate. **5** Leve à grelha em braseiro médio por 10 a 15 minutos cada lado. **6** Sirva com o acompanhamento de sua preferência.

Se for utilizar espetos de madeira, para não queimar, deixe-os sob a água por 10 a 20 minutos antes de espetar a carne e levar à churrasqueira.

FRALDINHA
CHIMICHURRI

Pronto em 40min . Serve 4 porções

- Sal grosso a gosto
- 1 peça de fraldinha bovina

Molho chimichurri

- 50g de coentro fresco
- 50g de salsinha fresca
- 50g de cebolinha fresca
- 30g de tomilho
- 20g de alecrim
- 1 pimenta dedo-de-moça
- 4 dentes de alho
- 1/2 xícara (chá) de azeite
- 10g de orégano
- 100ml de vinagre de vinho tinto
- Sal fino a gosto

1 Passe sal grosso por toda a peça de fraldinha. **2** Leve à grelha em braseiro médio por 20 minutos cada lado.

Molho chimichurri

1 Pique bem o coentro, a salsinha, a cebolinha, o tomilho, o alecrim, a pimenta dedo-de-moça e os dentes de alho. **2** Misture com azeite, orégano, vinagre e sal fino. **3** Sirva a fraldinha acompanhada do molho.

PICANHA
NO CREME CHIMICHURRI

Pronto em 20min · Serve 4 porções

- Sal grosso a gosto
- 1 peça de picanha

Creme chimichurri

- 100g de manteiga
- 1/2 xícara (chá) de azeite
- 40g de chimichurri desidratado
- Sal a gosto

1 Passe o sal grosso sobre a peça da picanha. **2** Leve à grelha em braseiro forte por 5 minutos cada lado para selar a peça. **3** Tire da grelha e corte em bifes de 2cm a 4cm.

Creme chimichurri

1 Em um recipiente, misture a manteiga, o azeite, o chimichurri e o sal. **2** Depois, passe sobre os bifes e leve à grelha em braseiro forte por 5 minutos cada lado. **3** Sirva com acompanhamento de sua preferência.

Para acentuar o sabor, você pode jogar um pouco do creme sobre a carne na hora de servir.

CONTRAFILÉ
NA PEDRA DE SAL

Pronto em 40min · Serve 3 porções

- **1kg de contrafilé**
- **50g de ervas finas**
- **200g de manteiga**

1 Corte o contrafilé em bifes de 2cm a 3cm. **2** Apoie a pedra de sal na grelha em braseiro forte e deixe esquentar por 20 minutos. **3** Deixe a carne grelhar por 5 minutos a 10 minutos cada lado. **4** Em um recipiente, misture as ervas finas com a manteiga até ficar uma pasta homogênea. **5** Retire os bifes da pedra e passe a manteiga de ervas com a peça ainda quente, para derreter. **6** Finalize como preferir.

A carne irá absorver a quantidade necessária de sal da pedra, portanto, não há necessidade de acrescentar mais sal.

FRALDINHA NA MOSTARDA

FRALDINHA
NA MOSTARDA

Pronto em 40min · Serve 4 porções

- 100ml de mostarda
- 1/2 xícara (chá) de azeite
- 4 dentes de alho picados
- 1/2 xícara (chá) de molho de soja
- Pimenta-do-reino a gosto
- Sal fino a gosto
- 1 peça de fraldinha bovina

1 Em um recipiente, coloque a mostarda, o azeite, os dentes de alho, o molho de soja, a pimenta-do-reino e o sal. Misture bem. **2** Passe a mistura de temperos nos dois lados da fraldinha. **3** Coloque a peça em um espeto duplo e leve à churrasqueira em braseiro médio por 20 minutos cada lado. **4** Após, corte em fatias finas e sirva.

A fraldinha possui uma capa de gordura em sua parte superior que pode ser retirada para que asse de forma uniforme.

MAMINHA
AO VINHO

Pronto em 4h • Serve 4 porções

- 1 peça de maminha bovina
- 1 litro de vinho tinto seco
- 20g de cominho em pó
- 20g de louro em pó
- 20g de alho em pó
- 5 dentes de alho
- Sal grosso a gosto
- 1 xícara (chá) de molho de soja

1 Em um recipiente grande, coloque a maminha e acrescente o vinho, o cominho, o louro, o alho em pó, os dentes de alho, o sal grosso e o molho de soja. **2** Misture e deixe marinar por 2 horas. **3** Após, leve à grelha em braseiro médio por 1 hora cada lado.

MIGNON CROCANTE

Pronto em 40min · Serve 3 porções

- 100g de nozes
- 200ml de iogurte natural
- 1/2 xícara (chá) de azeite
- Sal fino a gosto
- 1kg de filé mignon

1 Triture as nozes e misture com o iogurte, o azeite e o sal. **2** Passe sobre a peça inteira do filé mignon. **3** Leve à grelha em braseiro médio por 20 minutos cada lado. **4** Retire da churrasqueira e finalize com nozes trituradas.

O filé mignon deve ser servido ao ponto para mal, caso contrário ficará seco e rígido.

COSTELA
NA CACHAÇA

Pronto em 4h30min · Serve 10 porções

- 5kg de costela bovina janela
- 200ml de cachaça
- Sal grosso a gosto

1 Molhe a costela janela com a cachaça. **2** Jogue sal grosso dos dois lados. **3** Envolva com papel-alumínio, dando três ou quatro voltas. **4** Leve a costela para a grelha com os ossos para baixo em braseiro fraco. **5** Deixe assar por 4 horas. **6** Após, retire o papel-alumínio e volte a costela à grelha em braseiro médio, mas com os ossos para cima. **7** Deixe por 20 minutos ou até dourar. **8** Sirva com acompanhamento de sua preferência.

Um excelente acompanhamento é a batatinha cozida al dente temperada com azeite, sal e ervas.

CHURRASCO DE BOI RALADO DE COSTELA

Pronto em 20min · Serve 7 porções

- 1 maço de salsinha
- 1 cebola
- 2kg de costela bovina moída
- 1 pão amanhecido
- Sal fino a gosto
- Pimenta-do-reino a gosto

1 Pique a salsinha e a cebola e misture com a costela moída. **2** Com um pouco de água, umedeça o pão. **3** Pique-o e misture com a costela moída e os temperos até ficar homogêneo. **4** Modele em formato de disco e leve à grelha em braseiro médio por, aproximadamente, 10 minutos de cada lado.

HOT BURGER

Pronto em 20min · Serve 5 porções

- 1,5kg de fraldinha moída
- 500g de bacon moído
- Sal fino a gosto
- Pimenta-do-reino a gosto
- 10 minipimentões
- 100g de queijo provolone
- 2 pimentas dedo-de-moça
- 100g de manteiga

1 Misture a fraldinha moída com o bacon moído. **2** Tempere com sal e pimenta-do-reino e reserve. **3** Corte uma extremidade dos minipimentões e retire as sementes. **4** Corte o queijo provolone e a pimenta dedo-de-moça em pequenas tiras e coloque-os dentro dos minipimentões. **5** Separadamente, envolva os minipimentões com a carne moída já reservada.
6 Passe manteiga em volta dos bolinhos. **7** Leve à grelha em braseiro médio e deixe assar por 10 minutos de cada lado.

Você pode substituir o minipimentão por pimenta americana ou pimenta jalapeño.

MAMINHA
RECHEADA

Pronto em 1h10min · Serve 5 porções

- 1 peça de maminha bovina
- 100g de manteiga
- Sal fino a gosto
- 100g de bacon
- 100g de queijo provolone
- 1 cebola
- 6 dentes de alho

1 Com uma faca afiada, abra uma cavidade na parte mais larga da maminha. Tome cuidado para não furar a carne. **2** Passe metade da manteiga e o sal na parte interna da maminha. **3** Corte em pequenos pedaços o bacon, o queijo provolone, a cebola e o alho. **4** Recheie a maminha com os ingredientes. **5** Passe o restante da manteiga e sal por fora da peça. **6** Enrole a maminha no papel-celofane próprio para assados e leve à grelha em braseiro médio por 30 minutos cada lado. **7** Após, retire do papel-celofane e retorne à churrasqueira, deixando na grelha por mais 5 minutos cada lado ou até dourar a peça. **8** Para servir, corte em fatias.

Para acentuar o sabor, você pode acrescentar azeitonas verdes no recheio.

BANANINHA
NO ALHO

Pronto em 10min · Serve 3 porções

- 1kg de bananinha do contrafilé
- 20g de pasta de alho
- 10g de alho frito
- Sal fino a gosto

1 Tempere a bananinha com o alho em pasta, o alho frito e o sal.
2 Leve à grelha em braseiro forte e deixe por 5 minutos cada lado.
3 Finalize com alho frito.

MIOLO DE ACÉM NA CERVEJA

MIOLO DE ACÉM NA CERVEJA

Pronto em 2h20min · Serve 3 porções

- **1kg de miolo de acém**
- **600ml de cerveja clara**
- **Sal grosso a gosto**
- **6 dentes de alho**
- **Pimenta-do-reino a gosto**
- **1/2 xícara (chá) de azeite**
- **70g de creme de cebola**

1 Corte o acém em bifes de 2cm a 3cm. **2** Coloque-os em um recipiente e acrescente a cerveja e o sal. Misture e deixe marinar por 2 horas. **3** Tire os bifes de acém da marinada. **4** Pique o alho e passe sobre os bifes. **5** Tempere com pimenta-do-reino, azeite e creme de cebola. **6** Leve à grelha em braseiro forte por 10 minutos cada lado. **7** Corte em fatias finas e sirva.

O acém deve ser servido ao ponto para mal, assim terá melhor suculência.

ENTRECÔTE
NO AZEITE DE ALECRIM

Pronto em 20min · Serve 3 porções

- Sal grosso a gosto
- 20g de alecrim fresco
- 1/2 xícara (chá) de azeite
- 3 dentes de alho picados
- Pimenta-do-reino a gosto
- 1kg de entrecôte

1 Em um recipiente, coloque o sal grosso, o alecrim, o azeite, os dentes de alho e a pimenta-do-reino. Misture bem. **2** Corte a peça de entrecôte em bifes de 3cm a 4cm e passe a mistura de temperos nos dois lados dos bifes. **3** Leve à grelha em braseiro médio e deixe selar por 10 minutos cada lado.

PICANHA
NA MANTEIGA DE ALHO

Pronto em 30min · Serve 3 porções

- 2 cabeças de alho
- 200g de manteiga
- 50ml de azeite
- Sal fino a gosto
- 1 peça de picanha

1 Enrole as cabeças de alho no papel-alumínio e deixe no meio da brasa por 10 minutos para assá-los. **2** Após, retire o alho do alumínio, descasque-os e pique. **3** Misture a manteiga com o alho assado, o azeite e o sal até ficar homogênea. **4** Corte a picanha na transversal em bifes de 3cm a 4cm. **5** Passe sal fino a gosto. **6** Leve à grelha em braseiro forte por 5 minutos para selar. **7** Vire os bifes e deixe por mais 5 minutos. **8** Retire da grelha e sirva com a manteiga de alho.

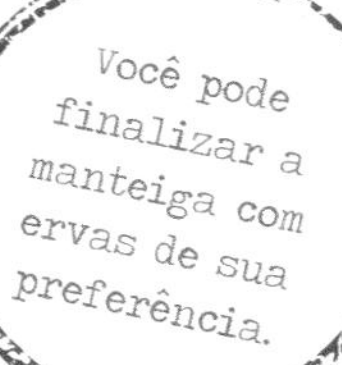

Você pode finalizar a manteiga com ervas de sua preferência.

T-BONE
COM SALSALHO

Pronto em 15min · Serve 2 porções

- 2 peças de T-Bone
- Sal grosso a gosto

Salsalho

- 1 ramo de salsinha
- 6 dentes de alho
- 1 xícara (chá) de azeite
- Sal fino a gosto

1 Tempere o T-Bone com sal grosso dos dois lados. **2** Leve à grelha em braseiro forte por 5 minutos, com o lado da gordura virado para baixo. **3** Após, deixe selar por mais 5 minutos cada lado.

Salsalho

1 Pique a salsinha e o alho. **2** Em um recipiente, misture o azeite com a salsinha e o alho. **3** Adicione o sal.
4 Retire o T-Bone da grelha e sirva com o salsalho.

CONTRAFILÉ
COREANO

Pronto em 40min · Serve 3 porções

- 1kg de contrafilé
- 1/2 xícara (chá) de molho de soja
- 2 colheres (sopa) de óleo de gergelim
- 50ml de saquê
- 1 colher (sopa) de açúcar
- 3 colheres (sopa) de gergelim
- 2 dentes de alho
- 20g de gengibre ralado
- 1 pimenta dedo-de-moça
- Sal fino a gosto
- Pimenta-do-reino a gosto

1 Separe o contrafilé e misture todos os outros ingredientes em uma vasilha, formando um molho. Reserve. **2** Corte o contrafilé em bifes de 2cm a 3cm. **3** Coloque os bifes no recipiente junto com o molho. **4** Deixe marinar por 20 minutos. **5** Após, leve à grelha em braseiro forte por 5 minutos cada lado. **6** Finalize como preferir.

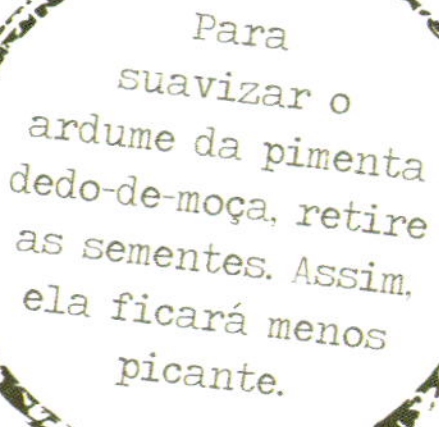

Para suavizar o ardume da pimenta dedo-de-moça, retire as sementes. Assim, ela ficará menos picante.

PICANHA
INVERTIDA

Pronto em 1h40min · Serve 4 porções

- **100g de queijo muçarela**
- **100g de linguiça calabresa**
- **2 pimentas dedo-de-moça**
- **1 peça de picanha**
- **1/2 xícara (chá) de azeite**
- **Sal grosso a gosto**

1 Corte em fatias o queijo muçarela, a linguiça calabresa e a pimenta dedo-de-moça. Reserve. **2** Com uma faca comprida e fina, abra uma cavidade começando pelo centro da picanha até pouco antes das duas laterais. Tome cuidado para não furar a carne. **3** Coloque a mão por dentro da cavidade e puxe a ponta até inverter totalmente o lado da gordura, deixando-a para dentro. **4** Passe azeite por dentro e por fora da peça. **5** Recheie com todos os ingredientes. **6** Passe sal grosso por fora e enrole no papel-alumínio. **7** Leve à grelha em braseiro médio por 40 minutos cada lado. **8** Após, retire do papel-alumínio e leve à grelha em braseiro forte por 5 minutos cada lado ou até dourar. **9** Sirva em fatias.

MAMINHA
COM MANTEIGA DE ERVAS

Pronto em 20min · Serve 4 porções

- 1 peça de maminha bovina
- Sal grosso a gosto
- Pimenta-do-reino a gosto
- 100g de manteiga
- Salsinha picada a gosto
- 10g de orégano
- 3 dentes de alho picados
- 20g de tomilho fresco

1 Corte a peça em fatias de 2cm a 3cm e tempere a peça de maminha com sal grosso e pimenta-do-reino. **2** Leve à grelha em braseiro forte por 7 minutos. **3** Após, retire o excesso de sal e vire os bifes. **4** Em um recipiente, misture a manteiga, a salsinha, o orégano, o alho e o tomilho até ficar homogêneo. **5** Acrescente a manteiga de ervas em cima dos bifes e retorne-os à grelha por mais 5 minutos. Sirva.

COSTELA
NO SACO DE PAPEL

Pronto em 4h30min · Serve 3 porções

- 100g de manteiga
- Sal grosso a gosto
- 5kg de costela bovina minga

1 Unte o saco de papel com a manteiga. **2** Passe sal grosso nos dois lados da costela minga. **3** Coloque a costela dentro do saco de papel e dobre para fechá-lo. **4** Com os ossos para baixo, coloque sobre a grelha em braseiro fraco. **5** Deixe assar por 4 horas. **6** Após, tire a costela do saco de papel e leve para a grelha em braseiro médio, com os ossos para cima, por 20 minutos ou até dourar a costela. **7** Sirva com o acompanhamento de sua preferência.

Quando a costela está pronta, ela se desprende dos ossos.

CONTRAFILÉ
EMPANADO NO CHIMICHURRI

Pronto em 1h20min · Serve 3 porções

- Azeite a gosto
- Sal fino a gosto
- 1kg de contrafilé
- 50g de chimichurri desidratado

Creme de alho

- 5 dentes de alho
- 200ml de creme de leite
- Sal fino a gosto
- 50ml de azeite
- Pimenta-do-reino a gosto
- 1/2 limão

1 Passe azeite e sal sobre a peça de contrafilé. **2** Empane a peça no chimichurri. **3** Leve à churrasqueira em braseiro médio por 30 a 40 minutos cada lado.

Creme de alho

1 Pique os dentes de alho. **2** Misture com o creme de leite, o sal, o azeite, a pimenta-do-reino e o limão. **3** Mexa bem e sirva com o contrafilé.

O creme de alho é uma excelente opção de acompanhamento para essa receita.

FRALDINHA
RECHEADA

Pronto em 2h10min · Serve 5 porções

- 1kg de fraldinha bovina
- Sal fino a gosto
- Pimenta-do-reino a gosto
- 10g de páprica doce
- 10g de cominho
- 100g de queijo coalho
- 100g de bacon em fatias
- 1 pimentão vermelho

1 Com a gordura virada para cima, passe a faca entre a carne e a gordura para desprender as partes, mas sem cortar até o final, pois a gordura precisa continuar na peça. **2** Passe sal fino, pimenta-do-reino, páprica e cominho nos dois lados da peça. **3** Corte o queijo coalho, o bacon e o pimentão em fatias, coloque sobre a peça de fraldinha e enrole-a. A gordura deve ser enrolada por último e ficar para o lado de fora. **4** Com um barbante, amarre a peça. **5** Leve à grelha em braseiro médio e deixe assar por 1 hora cada lado. **6** Após, retire o barbante e sirva em fatias.

AVES
E PEIXES

FRANGO ATROPELADO

Pronto em 4h20min · Serve 6 porções

- 1 frango inteiro
- 2 limões
- 1 taça de vinho branco seco
- 4 dentes de alho
- Sal fino a gosto
- 100g de manteiga

1 Coloque o frango sobre uma superfície dura. Apoie a palma da mão sobre o peito do frango e force para afundar o peito, quebrando o osso. **2** Em seguida, coloque-o em um recipiente e tempere com limão, vinho, alho e sal. Deixe marinar por, no mínimo, 3 horas.
3 Após, passe manteiga sobre toda a superfície do frango e leve à grelha em braseiro médio. **4** Envolva um tijolo com papel-alumínio e coloque em cima do frango para achatá-lo.
5 Deixe 40 minutos cada lado. **6** Sirva com os acompanhamentos de sua preferência.

Sempre que deixar o frango marinando por um longo período, deixe-o na geladeira, pois a carne do frango estraga com facilidade em ambientes mais quentes.

FRANGO
À ROLÊ

Pronto em 50min · Serve 5 porções

- 1kg de peito de frango
- Sal fino a gosto
- 1 sachê de tempero em pó para frango
- 2 limões
- 1 dose de whisky
- 500g de bacon fatiado

1 Corte o peito de frango em filés de 1cm de espessura. **2** Com a palma da mão, bata os filés para abri-los e ficarem mais finos. **3** Tempere os dois lados dos filés com sal, tempero de frango em pó, limão e whisky.
4 Alinhe quatro a cinco fatias de bacon lado a lado. Coloque o filé de frango sobre o bacon e enrole-o.
5 Leve à grelha em braseiro médio por 20 minutos cada lado.

Nunca coma frango malpassado. Quando ele não atinge a temperatura de cozimento adequada (75°C), as bactérias continuam vivas e, ao ingeri-las, corre-se o risco de contrair alguma doença ou infecção.

ASA DE FRANGO PICANTE

ASA DE FRANGO PICANTE

Pronto em 2h40min · Serve 5 porções

- 1kg de asa de frango
- 1/2 xícara (chá) de molho de soja
- Pimenta-do-reino a gosto
- 20ml de pimenta-malagueta
- 30g de páprica picante
- 20g de alho em pó
- 100ml de catchup
- 1/2 xícara (chá) de azeite
- Sal fino a gosto

1 Em um recipiente, coloque as asas de frango e tempere com molho de soja, pimenta-do-reino, pimenta-malagueta, páprica picante, alho em pó, catchup, azeite e sal. **2** Misture bem e deixe marinando por, no mínimo, 2 horas. **3** Após, coloque as asas em um espeto e leve à churrasqueira em braseiro médio por 20 minutos cada lado. **4** Se preferir, você pode salpicar pimenta dedo-de-moça picada por cima das asas de frango.

Para manter a asa firme, dobre-a colocando a ponta por trás da coxinha, deixando-a travada em um formato triangular. Dessa forma, irá assar por igual.

FILÉ DE TILÁPIA COM QUEIJO

Pronto em 25min · Serve 4 porções

- Sal fino a gosto
- 1kg de filé de tilápia
- 50g de creme de cebola
- 200ml de requeijão
- 200g de queijo parmesão ralado
- 20g de salsa desidratada
- 20g de orégano

1 Passe um pouco de sal nos dois lados dos filés. **2** Em seguida, empane-os no creme de cebola e leve à grelha em braseiro médio por 15 minutos.
3 Após, vire os filés e acrescente um pouco de requeijão por cima. Em seguida, coloque o queijo parmesão ralado.
4 Deixe por mais 10 minutos em braseiro médio. Ao servir, salpique com a salsa desidratada e o orégano.

FILÉ DE

PESCADA

NA FOLHA DE
BANANEIRA

Pronto em 40min · Serve 5 porções

- 1/2 pimentão vermelho
- 1/2 pimentão amarelo
- 4 dentes de alho
- 1kg de filé de pescada branca
- 1/2 xícara (chá) de azeite
- Sal fino a gosto
- 2 limões

1 Corte os pimentões em fatias e pique os dentes de alho. **2** Coloque o filé de pescada sobre a folha de bananeira. **3** Tempere os dois lados do filé com azeite, alho picado, sal e limão. **4** Coloque as fatias dos pimentões e o tomate sobre o filé. **5** Enrole a folha de bananeira no filé, deixando todos os lados bem fechados. **6** Leve à grelha em braseiro médio por 20 minutos cada lado. **7** Retire da folha de bananeira e sirva.

Se quiser, você pode acrescentar um tomate em rodelas junto aos pimentões.

LOMBO DE BACALHAU NA MANTEIGA

Pronto em 40min · Serve 5 porções

- 100g de manteiga
- 1 xícara (chá) de azeite
- 1kg de lombo de bacalhau (dessalgado)
- Sal fino a gosto
- Pimenta-do-reino a gosto
- 4 batatas (pré-cozidas)

1 Passe a manteiga e o azeite sobre toda a peça do lombo de bacalhau. **2** Tempere com sal e pimenta-do-reino. **3** Leve à grelha em braseiro médio por 20 minutos cada lado. **4** Corte as batatas em fatias de 2cm e leve à grelha em braseiro médio por 20 minutos cada lado. **5** Regue com azeite, sal e pimenta-do-reino. **6** Sirva com o bacalhau.

Como acompanhamento, você também pode grelhar pimentões amarelo, vermelho e verde, tomates e cebola.

FILÉ DE FRANGO NA CERVEJA

Pronto em 3h40min · Serve 5 porções

- 1kg de filé de frango
- Sal fino a gosto
- Pimenta-do-reino a gosto
- 30g de páprica picante
- 1/2 xícara (chá) de molho de soja
- 1 limão
- 3 dentes de alho
- 500ml de cerveja clara

1 Em um recipiente, coloque os filés de frango e tempere com sal, pimenta-do-reino, páprica, molho de soja, limão e alho picado. **2** Acrescente a cerveja e misture bem. Deixe marinar por 3 horas. **3** Após, leve à grelha em braseiro médio por 20 minutos cada lado. **4** Sirva com acompanhamento e molho de sua preferência

MERLUZA
NA TELHA

Pronto em 20min · Serve 4 porções

- 100g de manteiga
- 2 cebolas
- 2 tomates
- 2 filés de merluza
- Sal fino a gosto
- 1 limão
- 1 pimentão amarelo
- Azeite a gosto

1 Lave bem a telha e unte com manteiga. **2** Coloque rodelas de cebola, de tomate e, em seguida, o filé de merluza. **3** Tempere com sal e limão. **4** Sobre o filé, faça uma camada de rodelas de pimentão. Acerte o sal e coloque um fio de azeite. **5** Leve a telha ao meio da brasa e deixe por 15 minutos a 20 minutos. Cuidado ao retirar a telha da brasa, pois estará muito quente.

Para incrementar a receita, você pode acrescentar pimenta dedo-de-moça picada e queijo muçarela antes de levar à brasa.

CORAÇÃO
DE FRANGO NA CACHAÇA

Pronto em 2h20min · Serve 6 porções

- 1kg de coração de frango
- 1 xícara (chá) de molho de soja
- Pimenta-do-reino a gosto
- Sal fino a gosto
- 1/2 xícara (chá) de azeite
- 1 dose de cachaça
- 2 limões

1 Em um recipiente, misture os corações de frango com molho de soja, pimenta-do-reino, sal fino, azeite, cachaça e limão. **2** Deixe marinar por, no mínimo, 2 horas. **3** Após, coloque os corações em um espeto e leve à churrasqueira em braseiro médio por 10 minutos cada lado. **4** Finalize como preferir.

SUÍNOS E OVINOS

COSTELINHA
BARBECUE

Pronto em 2h30min • Serve 4 porções

- 20g de cebola em pó
- 20g de alho em pó
- 20g de páprica doce
- 10g de pimenta calabresa
- Sal fino a gosto
- Pimenta-do-reino a gosto
- 20g de açúcar mascavo
- 1/2 xícara (chá) de azeite
- 2kg de costelinha suína

1 Em um recipiente, misture a cebola em pó, o alho em pó, a páprica doce, a pimenta calabresa, o sal, a pimenta-do-reino e o açúcar mascavo. Reserve. **2** Passe o azeite sobre a costelinha. **3** Em seguida, espalhe o tempero sobre os dois lados da peça. **4** Coloque a costelinha em um espeto giratório e leve à grelha em braseiro médio por 2 horas. **5** Após, retire da churrasqueira e passe o molho barbecue na parte de cima e volte para a churrasqueira por mais 20 minutos. **6** Finalize como preferir.

ARROLLADO
DE HUASO

Pronto em 4h20min · Serve 6 porções

- 1,5kg de panceta suína
- Sal fino a gosto
- Pimenta-do-reino a gosto
- 500g de pernil moído
- 6 dentes de alho picados
- 30g de pimenta calabresa
- Sal fino a gosto
- 1/2 xícara (chá) de azeite
- 1 limão

1 Faça cortes na horizontal da carne, com cuidado para não furar o couro. Assim, ficará mais fácil de enrolar. **2** Tempere os dois lados da peça com sal e pimenta-do-reino. **3** Em um recipiente, misture o pernil moído com o alho picado, a pimenta calabresa, o sal, o azeite e o limão e coloque sobre a panceta. **4** Enrole a peça com o couro para fora e amarre com um barbante. **5** Enrole nas folhas de papel-celofane próprio para assados e leve à grelha em braseiro fraco por 2 horas cada lado. **6** Após, retire do papel-celofane e leve em braseiro forte por 5 minutos cada lado para pururucar. **7** Corte em fatias e sirva.

MIGNON SUÍNO RECHEADO

MIGNON
SUÍNO RECHEADO

Pronto em 50min · Serve 3 porções

- **1kg de filé mignon suíno**
- **Sal fino a gosto**
- **50g de alho em pó**
- **Pimenta-do-reino a gosto**
- **1/2 xícara (chá) de molho de soja**
- **1/2 xícara (chá) de azeite**
- **200g de bacon**
- **200g de queijo provolone**
- **100g de castanha de caju moída**

1 Abra o filé em manta. **2** Tempere os dois lados com sal fino, alho em pó, pimenta-do-reino, molho de soja e azeite. **3** Corte o bacon e o queijo provolone em fatias e recheie o filé. Acrescente a castanha de caju moída no recheio. **4** Enrole e amarre com um barbante. **5** Leve à grelha em braseiro médio por 20 minutos cada lado. **6** Após, retire o barbante e sirva em fatias.

PERNIL DE CORDEIRO COM MOLHO DE HORTELÃ

Pronto em 7h30min · Serve 5 porções

- 1 peça de pernil de cordeiro (aproximadamente 3kg)
- 8 dentes de alho
- Sal grosso a gosto
- 1 limão
- Pimenta-do-reino a gosto
- 500ml de vinho branco seco
- 1 ramo de alecrim

Molho de hortelã

- 4 dentes de alho
- 1 maço de hortelã
- 1 limão
- 1 colher (sopa) de mel
- 1/2 xícara (chá) de azeite
- Pimenta-do-reino a gosto

1 Faça furos no pernil e posicione os dentes de alho dentro. **2** Tempere com sal grosso, limão, pimenta-do-reino, vinho e alecrim e deixe marinar por 2 horas na geladeira. Depois, vire a peça e deixe por mais 1 hora. **3** Após, enrole a carne no papel-alumínio com 3 a 4 voltas. **4** Leve à grelha em braseiro médio por 2 horas cada lado. **5** Após, retire o papel-alumínio e leve à churrasqueira por 10 minutos cada lado para dourar.

Molho de hortelã

1 Pique o alho e a hortelã e coloque-os em um recipiente com limão, mel, azeite e pimenta-do-reino. **2** Sirva com o pernil.

CARRÉ
DE CORDEIRO

Pronto em 2h30min · Serve 4 porções

- 1 ramo de alecrim
- 1 cebola picada
- 4 dentes de alho picados
- 1 xícara (chá) de vinho tinto
- 1/2 xícara (chá) de azeite
- 50ml de vinagre balsâmico
- 1 limão
- 1kg de carré de cordeiro
- Sal grosso a gosto
- Pimenta-do-reino a gosto

1 Em um recipiente, misture o alecrim, a cebola picada, o alho picado, o vinho, o azeite, o vinagre balsâmico e o limão. **2** Acrescente o carré e deixe marinando por, no mínimo, 2 horas na geladeira. **3** Após, tempere com sal grosso e pimenta-do-reino e leve à grelha em braseiro forte de 8 a 10 minutos cada lado.

LOMBO
LIMÃO

Pronto em 3h20min · Serve 7 porções

- 2kg de lombo suíno
- Sal grosso a gosto
- 5 folhas de louro
- 20g de manjericão
- 1 xícara (chá) de azeite
- 20g de alecrim
- Pimenta-do-reino a gosto
- 4 limões
- 200ml de água

1 Em um recipiente, coloque a peça de lombo e tempere com sal grosso, folhas de louro, manjericão, azeite, alecrim, pimenta-do-reino e limão. **2** Misture bem e deixe marinar por 2 horas. **3** Leve à grelha em braseiro médio por 40 minutos cada lado. **4** Finalize como preferir.

LOMBO SUCULENTO

LOMBO SUCULENTO

Pronto em 13h20min · Serve 7 porções

- 2kg de lombo suíno
- 10 dentes de alho
- 2 litros de água
- 3 colheres (sopa) de sal fino
- 3 pimentas dedo-de-moça picadas
- 3 folhas de louro
- 1 ramo de alecrim
- 3 colheres (sopa) de vinagre balsâmico
- Pimenta-do-reino a gosto
- Salsinha picada a gosto

1 Faça alguns furos no lombo e posicione os dentes de alho dentro. **2** Coloque o lombo em um recipiente e adicione a água. **3** Acrescente o sal, as pimentas dedo-de-moça picadas, as folhas de louro, o alecrim, o vinagre balsâmico, a pimenta-do-reino e a salsinha picada. **4** Misture e deixe marinar por 12 horas na geladeira. **5** Após, leve à grelha em braseiro médio por 40 minutos cada lado.

BISTECA
SUÍNA NA MOSTARDA

Pronto em 30min · Serve 5 porções

- 1kg de bisteca suína
- 6 dentes de alho picados
- 1/2 xícara (chá) de azeite
- 20g de salsa desidratada
- 10g de páprica picante
- 100g de manteiga
- 100ml de mostarda
- Sal fino a gosto
- Pimenta-do-reino a gosto

1 Em um recipiente, misture a bisteca suína com o alho picado, o azeite, a salsa desidratada, a páprica, a manteiga, a mostarda, o sal e a pimenta-do-reino. **2** Mexa bem e passe o molho nos dois lados da bisteca. **3** Leve à grelha em braseiro médio por 15 minutos cada lado.

COPA LOMBO
COM MOLHO DE MARACUJÁ

Pronto em 2h30min · Serve 3 porções

- 6 dentes de alho picados
- 1 cebola picada
- 100g de manteiga
- Pimenta-do-reino a gosto
- 1 limão
- 1 maracujá
- 100g de maionese
- Sal fino a gosto
- 1kg de copa lombo

1 Em um recipiente, misture bem o alho, a cebola, a manteiga, a pimenta-do-reino, o limão, o maracujá, a maionese e uma pitada de sal. Reserve. **2** Abra 2 folhas de papel-celofane próprio para assados sobre a mesa e coloque a peça de copa lombo. **3** Passe sal fino sobre toda a peça. **4** Em seguida, espalhe a mistura feita anteriormente sobre toda a superfície da copa lombo e embrulhe no celofane de maneira que não vaze nenhum líquido.
5 Leve à grelha em braseiro médio por 1 hora cada lado. **6** Após, retire do papel-celofane e leve à grelha em braseiro forte por 10 minutos cada lado para dourar a peça. **7** Na hora de servir, coloque mais molho sobre a peça e corte em fatias.

PARA ACOMPANHAR

PÃO DE LINGUIÇA NA CACHAÇA

Pronto em 25min · Serve 8 porções

- 1kg de linguiça toscana
- 200g de queijo parmesão ralado
- 20g de orégano
- 1 limão
- 1 dose de cachaça
- 2 baguetes

1 Retire a pele da linguiça, desfaça-a com as mãos e coloque-a em um recipiente. **2** Misture com o queijo parmesão, o orégano, o limão e a cachaça e mexa bem. **3** Corte a baguete ao meio na horizontal. **4** Coloque a massa temperada sobre toda a superfície das metades das baguetes. **5** Leve à grelha em braseiro médio com a linguiça para baixo por 20 minutos. **6** Após, vire e deixe tostar o pão por, aproximadamente, 3 minutos ou até ficar crocante. **7** Salpique com parmesão e sirva.

Não coloque mais limão do que o indicado, pois ele tira a liga da massa da linguiça e pode despedaçá-la.

CEBOLA
ENROLADA NO BACON

Pronto em 40min · Serve 6 porções

- 500g de acém moído
- Sal fino a gosto
- 20g de alho frito
- 40g de creme de cebola
- Pimenta-do-reino a gosto
- 3 cebolas grandes
- 400g de bacon fatiado

1 Tempere o acém moído com sal, alho frito, creme de cebola e pimenta-do-reino. Misture bem e reserve. **2** Corte a cebola em anéis de 1cm a 2cm de espessura. **3** Intercale um anel maior com um menor, sobrando um vão entre eles para que possa rechear com a carne moída temperada. **4** Após, enrole com o bacon fatiado. **5** Leve à grelha em braseiro médio por 15 minutos cada lado.

Para facilitar a montagem da receita, compre cebolas bem grandes e procure por fatias de bacon mais finas.

BATATA
RÚSTICA

Pronto em 20min · Serve 6 porções

- 5 batatas asterix
- 1/2 xícara (chá) de azeite
- Pimenta-do-reino a gosto
- Sal fino a gosto
- 30g de tomilho desidratado
- 30g de alecrim desidratado
- 30g de salsinha desidratada
- 5 dentes de alho

1 Corte as batatas em pedaços de 2cm a 3cm de espessura. **2** Coloque-as em um recipiente. Tempere com azeite, pimenta-do-reino, sal, tomilho, alecrim, salsinha e alho. **3** Misture bem para que o tempero grude na batata de forma homogênea. **4** Enrole de 4 a 5 pedaços de batata no papel-alumínio e coloque direto na brasa. **5** Deixe por 10 minutos. **6** Após, retire do papel-alumínio e sirva.

Para esta receita, use a batata asterix, pois ela possui menos líquido.

PÃO DE ALHO

Pronto em 10min · Serve 7 porções

- 200g de manteiga
- 200g de requeijão
- 100g de queijo parmesão ralado grosso
- 5 dentes de alho picados
- 20g de orégano
- 7 pães franceses

1 Em um recipiente, misture a manteiga, o requeijão, o queijo parmesão, o alho picado e o orégano. **2** Misture bem até virar uma massa homogênea. **3** Corte os pães em fatias e passe a mistura sobre elas. **4** Leve à grelha em braseiro médio por 5 minutos de um lado e 2 minutos do outro.

Finalize o prato salpicando ervas de sua preferência.

CHURRASCO VEGETARIANO

Pronto em 30min · Serve 6 porções

- 10 quiabos
- 1 pimentão vermelho
- 1 pimentão amarelo
- 2 abobrinhas
- 2 berinjelas
- 2 espigas de milho
- 200g de cogumelo portobello
- 1 xícara (chá) de azeite
- Sal fino a gosto
- Uma pitada de pimenta-do-reino
- Páprica doce a gosto
- Alho em pó a gosto

1 Corte os legumes em pequenos pedaços e coloque-os em um recipiente. **2** Tempere com azeite e misture bem para que todos os legumes sejam banhados pelo azeite. **3** Adicione sal, pimenta-do-reino, páprica e alho em pó. **4** Misture bem e leve à grelha em braseiro médio por 15 minutos cada lado.

CEBOLA CARAMELIZADA

CEBOLA
CARAMELIZADA

Pronto em 20min · Serve 5 porções

- 3 cebolas
- 50ml de azeite
- 20g de açúcar mascavo
- 50ml de molho de soja
- 1/2 limão

1 Corte as cebolas em fatias de 0,5cm. **2** Em uma frigideira em fogo baixo, coloque o azeite e refogue a cebola até murchar. **3** Acrescente o açúcar mascavo, o molho de soja e o limão. **4** Mexa até a consistência desejada.

Não corte fatias muito finas ou muito grossas. Fatias finas queimam rápido e fatias grossas demoram muito tempo para chegar ao ponto.

PÃO DE CREME DE CEBOLA

Pronto em 15min · Serve 6 porções

- 40g de creme de cebola
- 200ml creme de leite
- 4 dentes de alho picados
- 100g de queijo parmesão ralado
- 200g de manteiga
- 1 maço de salsinha picada
- 2 baguetes

1 Em um recipiente, misture o creme de cebola, o creme de leite, o alho picado, o queijo parmesão, a manteiga e a salsinha e misture bem. **2** Corte a baguete em fatias, mas sem cortar até o final. **3** Passe o creme entre as fatias. **4** Leve à grelha em braseiro médio por 10 minutos. **5** Após, vire e deixe em braseiro forte por mais 3 minutos.

ABACAXI
COM CANELA

Pronto em 20min · Serve 6 porções

- 1 abacaxi maduro
- 50g de açúcar refinado
- 50g de canela em pó

1 Descasque o abacaxi e coloque-o em um espeto. **2** Passe o açúcar e a canela por toda a extensão do abacaxi e leve à churrasqueira em braseiro forte por 10 minutos cada lado. **3** Decore como preferir.

JOSÉ ALMIRO DE MORAIS

O churrasqueiro transformou o *hobby* de reunir os amigos para saborear uma bela carne preparada no calor da brasa em coisa séria quando, em 2016, criou o canal **Churrasqueadas**, hoje o maior do segmento na internet — no total, são mais de 3 milhões de seguidores em suas redes sociais. Nos vídeos, a simpatia de José Almiro divide espaço com dicas de tempero, preparo, escolha de cortes etc. Tudo para você aproveitar um bom churrasco ao lado de quem ama.

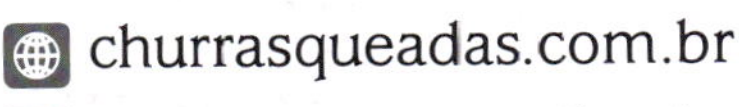

churrasqueadas.com.br

churrasqueadasoficial

churrasqueadas

Primeira edição (novembro/2018)
Papel de Miolo Couché 115g
Tipografias ITC Usherwood Std,
Veneer e Travelling Typewriter
Gráfica IPSIS